Klaus P. Fischer

EVOLUTION – SCHÖPFUNG –

CHRISTLICHES BEWUSSTSEIN

Impressum:

EVOLUTION – SCHÖPFUNG – **CHRISTLICHES BEWUSSTSEIN**

von Klaus P. Fischer

Herausgeber: Hans-Jürgen Sträter

Ausgabe vom 1. August 2022

ISBN: 9783756258703

Herstellung und Verlag: BoD - Books on Demand, Norderstedt

Viele Menschen haben unklare, anfechtbare Vorstellungen vom *Schöpfer*-Gott – mit bedingt durch eine holzschnittartige Glaubenslehre. Hinzu kommt die Unterbewertung biblischer Bilder und Bildworte, oft auch deren schlichte Deutung, die Bild, Symbol und Sachverhalt nicht unterscheidet, etwa bei Begriffen wie Allgegenwart, Allgüte, Allmacht.

Der Psalmdichter preist Gott "Deine Güte reicht, so weit der Himmel ist" (Ps 36,6). Abstrakter könnte er sagen "Deine Güte ist grenzenlos".

Die Aussage meint weniger eine abstrakte Eigenschaft Gottes als einen Wink an das Vertrauen von Gläubigen und Betern.

Der 8. Psalm rühmt "Seh` ich den Himmel, das Werk deiner Finger, Mond und Sterne, die du befestigt" (v 4).

Kommentare verweisen hier gern auf das altorientalische Schichten- oder Schalen-Weltbild. Es handelt sich aber um poetische Preisung Gottes, nicht um Werkanalyse. Der Dichter wollte nicht sagen, der Schöpfer sei handwerklich tätig, vielmehr rühmt er die Kunst des Schöpfers.

Wenn ein Handwerker – etwa ein Schreiner – einen eleganten Stuhl herstellt, verlangt diese Arbeit große Sorgfalt und Kunst im Umgang mit Holz, erfordert Kenntnis verschiedener Holzarten und passender Werkzeuge (für ´zwei rechte` Hände, nicht zwei ´linke`). Eine größere schöpferische Kunst geht dem Handwerk voraus: die *Vorstellung* der gewollten Form in Kopf oder Verstand. Sie ist größer, wichtiger: ohne geistiges Konzept keine Herstellung eines Stuhles oder anderer Werke. Wenn Mann oder Frau beides, Konzept und Herstellung, in der eigenen Person vereinigt, sind sie oder er der Bewunderung wert. Täglich sind begabte Menschen auf verschiedenste Weise als Schöpfer tätig.

Der Dichter von Psalm 8 sieht den göttlichen Schöpfer als Künstler. Er betont seine Überzeugung, dass Gottes Welt große Kunst ist.

Sinn für den geistigen Charakter der Schöpfung verrät ein Parallelismus in Psalm 33,6: "Durch JHWH`s *Wort* wurde der Himmel gemacht, durch den Hauch (*ruaḥ*) seines Mundes *all* sein Heer".

Damit ist die geistig-lebendige Art der Schöpfung erkannt und gewürdigt: Gottes Schöpfungstat bringt neben leblosen Dingen auch lebende Wesen hervor: sie *durchdringt* die Welt, *belebt* sie.

Für die Bibel ist Schöpfung also nicht bloß Herstellung lebloser Stoffe, vorrangig sogar die Erfüllung des Toten mit Leben. Sie spricht nicht abstrakt, sondern konkret. Die Besiedelung der Welt mit ungezählten Formen und Arten von Leben und Lebewesen weckt Bewunderung.

So auch der erwähnte Ausruf "Deine [Gottes] Güte reicht, so weit der Himmel ist". Der Himmel ist für das Auge *endlos* – derart wird Gottes Güte anschaulich als *All-Güte*.

Entsprechend der Lobpreis von Gottes *Allgegenwart*: "Stiege ich auf zum Himmel, so bist Du dort, lagere ich mich in der Totenwelt, bist Du zugegen. Nähme ich die Flügel des Morgenrots ..., auch dort wird Deine Rechte mich fassen" (Ps 139,8-10).

Oder die Rühmung von Gottes *Allwissenheit*: "Ob ich gehe oder ruhe, ... Du bist vertraut mit all meinen Wegen.

Noch liegt mir das Wort nicht auf der Zunge - Du, Herr, kennst es bereits. Du umschließt mich von allen Seiten" (Ps 139,3-5).

Was ein Katechismus an Eigenschaften Gottes abstrakt aufzählt – hier *Allwissenheit* –, entstammt dem dankbaren Lobpreis des dichtenden Beters, den sein völliges Geborgensein in Gott mit überquellender Dankbarkeit erfüllt. Daraufhin kann er seinen Weg getrost fortsetzen. Der Gegenwart Gottes allüberall entspricht im Glauben des Beters seines Gottes behütend-helfende Nähe.

Der betende Dichter müht sich nicht um abstrakte Definition der "Eigenschaften" Gottes – er schildert, wie er Gottes wohltuende Nähe erfährt, erfahren hat - und wie andere sie erfahren könn(t)en.

Aber benötigt denn der Mensch der europäischen Neuzeit und Moderne überhaupt noch die Hinwendung zu einem Schöpfer-Gott?

Seit der Aufklärung mit Aufkommen der fachlich-methodisch unterschiedlichen Naturwissenschaften gilt die Rede vom göttlichen Schöpfer vielen als überholt.

Denn die diversen Naturwissenschaften haben eine Überzeugung gemeinsam: Dinge, Phänomene, die ganze Welt ist erklärbar *aus ihr selbst*, aus ihrer Beschaffenheit, ihren Gesetzen. Sie bedürfen auf ihrem eigenen Gebiet keiner Hinzufügung eines Schöpfers.

Diese Überzeugung hat sich noch verstärkt, seit mit *Lamarck* und *Darwin* der Gedanke sich festigte und die Entdeckung folgte, dass die stoffliche Welt, die Lebewesen, die Menschen aus einem nahezu ewigen *Entwicklungsprozess* hervorgingen und hervorgehen.

In diesem Rahmen ist der göttliche Schöpfer kein Erklärungsgrund, keine nachweisliche Ursache, vielmehr eine unfruchtbare Hypothese. Gott ist in diesem Rahmen buchstäblich nicht feststellbar.

Wer an Gott-Schöpfer festhalten will, muss vorab die Eigenständigkeit des Kosmos achten und qualitativ andersartige Annäherungen an den *Schöpfer*-Glauben bieten - wenn es sie gibt. Indirekt drängt sich im Bannkreis der Naturwissenschaften ein Kriterium auf: Hinweise auf oder Belege für den Schöpfer sollten für möglichst viele, wenn nicht alle rational nachvollziehbar sein, statt sich nur aus Erfahrungen einzelner Zeugen zu begründen.

Grundsätzliche - etwa philosophische Besinnung - könnte hier weiterführen.

Thomas von Aquin als profunder Gott-Denker des Hochmittelalters bietet einen Ansatz: "Die erste Wirkung Gottes [des Schöpfers] in den Dingen ist das Sein": d.h. dass sie überhaupt *sind* [1], statt nicht zu sein. Also. nicht *wie* sie sind und sich verhalten, sondern *dass* sie überhaupt *sind*.

Tief bohrende Einsicht führte schon einen frühchristlichen Denker wie *Augustinus* zu neuer Klarheit. In seinen "Bekenntnissen" spricht er zu Gott, auf seinem Denkweg habe er eingesehen, dass Gott kein strahlender Körper sei, auch keine in Körpern wohnende Seele – Gott sei vielmehr "das Leben der Seelen, das Leben der Leben": der alles belebende Grund.

Hinter den Dingen, als ihr letzter Grund zeigt sich dem Denken das, der oder die *Unbedingte*, und zwar (in Worten *Augustins*) mir "innerlicher als ich selber, höher als mein Höchstes". [2]

Doch der moderne Mensch, im Schnitt kein glücklich Glaubender, sondern ein zweifelnder Gottsucher, hat mit

---

1 Compendium theologiae c. 68; c. 140
2 *Augustinus,* Confessiones - Bekenntnisse III 6,11

Bekenntnissen wie von *Augustinus* oder den Psalmisten ein Problem, schon mit dem Gedanken an einen Schöpfer: Sind Menschen und Dinge dann noch frei, ja überhaupt sie selbst? Oder ist alles ferngesteuert, ein einziges riesiges Marionetten-Theater? Sind Menschen "Puppen... von unbekannten Gewalten am Draht gezogen"?[3]

Die erlangte Selbständigkeit des menschlichen Individuums, aber auch die Eigenständigkeit der Welt und ihres Ordnungsgefüges werden heute zu Recht als hohes, ja unveräußerliches Gut empfunden: als – wie man gerne sagt - nicht verhandelbarer Eigenwert.

Diese Tatsache anerkannte auch das II. Vatikanische Konzil: "Durch ihr Geschaffensein selber haben alle Einzelwirklichkeiten ihren festen Eigenstand, ihre eigene Wahrheit, ihre eigene Gutheit sowie ihre Eigengesetzlichkeit und ihre eigenen Ordnungen".[4]

"Durch ihr Geschaffensein" – versichert das Konzil. Eigenstand, Eigengesetzlichkeit machen den Kern echter Schöpfung aus.

Nur scheinbar widersinnig bestätigt moderne Theologie:

---

3   *G. Büchner,* Dantons Tod II,5
4   Konst. Die Kirche in der Welt von heute (von 1965)
    Nr. 36

Der *Schöpfer bewegt* die Welt zu Eigenbewegung und erzielt gerade damit einen vollkommenen Grad an Schöpfung. Die bewegende Nähe ihres Schöpfers schafft und garantiert die Eigenständigkeit der geschöpflichen Welt. Anders wäre sie keine wirkliche Schöpfung, sondern eine Art Marionetten-Theater (wie *Danton* in *Büchners* Drama argwöhnt).

Streng logisch kann man sagen: Die Eigenständigkeit der Welt und des Weltgeschehens ist der durchgehenden Abhängigkeit vom Schöpfer nicht umgekehrt proportional, sondern direkt proportional: "Abhängigkeit von Gott beraubt das Geschöpf nicht seiner Eigenständigkeit, sondern verleiht ihm diese überhaupt erst".[5]

Sinngemäß prägte der Paläontologe und Theologe *Teilhard de Chardin* die griffige Merkformel von "Dieu faisant se faire les choses", d.h.: von *Gott, der macht, dass die Dinge sich machen* oder. *werden* (*se faire* hat auch den Sinn von *werden*).

Viele Leute verbinden mit dem Begriff *Schöpfer* spontan einen *Hersteller*, Töpfer, Bildhauer usw.

Vorstellungen solcher Art führen unwillkürlich eine

---

5 *P. Knauer,* Der Glaube kommt vom Hören, S. 40; ähnlich *Rahner/Vorgrimler*, Art. Schöpfung: Kleines Theol. Wörterbuch, 374. *K. Rahner,* Grundkurs des Glaubens, 86f.

Abhängigkeit, Unselbständigkeit mit, also den minderen Wert derartiger Geschöpfe.

Doch bietet der menschliche Erfahrungsraum reifere Einsichten.

Bei einem beliebigen handwerklichen Produkt sind Unselbständigkeit, Abhängigkeit von seinem Hersteller oder Schöpfer direkt proportional: Eine Stoffpuppe etwa bewegt Arme und Beine ja nicht selbst, sondern nur, wenn die spielende Person sie führt.oder an entsprechenden Fäden zieht.

Fortschrittlicher, weil selbständiger, ist eine Puppe, die ein Stück weit selbstbeweglich ist (auto-mobil, automatisch), d.h. eine Anzahl von Schritten oder anderen Bewegungen macht (programmiert, jedoch ohne Handführung).

Auch ein Rechner oder Computer ist eine von menschlichen Experten gesteuerte (programmierte) Produktionsmaschine.

Traum-Produkt oder Ideal vieler Hersteller ist ein perfekter Automat, der in Kontakt mit seiner Umwelt – insoweit selbständig – denkt, spricht, handelt.

Der alte Traum von einem *Homunculus*, einem technisch gefertigten, selbst-aktiven Abbild seines Entwicklers.

Näher an das biblische Zeugnis von Schöpfer und Schöpfung reicht eine andere Erfahrung.

Schauen wir auf die Entwicklung eines Kindes: von den Eltern physisch gezeugt, wird es durch geduldige Fürsorge, Betreuung, einfühlsame Belehrung, aber auch durch dosiertes Freilassen zunehmend selbständig und schließlich fähig, ein eigenes, *selbstverantwortliches* Leben zu führen (im Gegensatz zu einem unselbständigen Mutter- oder Vater-Kind). Welch Glück der Eltern bereits in jenem Moment, wo das Kleinkind sich *selbständig* aufrichtet, gar erste, tastende Schritte unternimmt!

Physische Zeugung und soziale Bildung von Menschen (mit Beistand auch des weiteren Umfelds) bis hin zur Mündigkeitsreife sind im Kern die wachsende physisch-psychische *Erschaffung* eines Menschen (in relativem, nicht absolutem Sinn). Auch hier sind Abhängigkeit (vom Einsatz der Eltern, Elternvertreter) und wachsende Eigenständigkeit einander unmittelbar proportional.

Grundlegend für ein Kind und seine gute Entwicklung ist, zumal im frühen Stadium, das schiere Dasein der Eltern, ihre *Präsenz*.

Sie ist oft aktiv, führt dem werdenden Menschen situativ das Nötige zu, unterstützt seine zunehmende Selbständigkeit.

Doch ist für den ganzen Prozess die erfahrbare Nähe und Gegenwart der Vertrauensperson(en) wesentlich und entscheidend.

Das bedeutet: schon die Nähe, die Gegenwart der vertrauten Person(en) wirkt sich schöpferisch auf Heranwachsende aus, verhilft ihnen zu sich selbst (anders, wenn Eltern ihre lebenswichtige Rolle nicht einnehmen, ein Kind mehr oder weniger sich selbst überlassen - umgekehrt, wenn sie es durch Gängelung hemmen).

Gerade die heile Entwicklung jedes Lebewesens verlangt *Gegenwart*, eine Präsenz, die bereits durch ihr Dasein wirksam ist und die Selbst-Entwicklung des jungen Wesens freisetzt. Oft kann schon die bloße Präsenz die Entwicklung eines Menschen katalysieren, ohne aktiv etwas dazu zu tun.

Auch sonst macht man immer wieder die Erfahrung, dass die bloße Gegenwart eines Menschen ohne besonderes Zutun auf Menschen einwirkt, sie froh macht, beruhigt, friedlich stimmt. Freilich kann die Nähe bestimmter Personen auch das Gegenteil bewirken, unruhig machen, mutlos, aggressiv, kann eine Atmosphäre schaffen, die freie Entfaltung erstickt oder zum Bösen lenkt.

Können wir diese Einsichten auf das Weltall und seine Evolution übertragen?

Ein namhafter Astrophysiker, mit der Entwicklung des Weltalls vertraut, bilanziert:

"Das Universum hat offensichtlich die erstaunliche Eigenschaft, dass Neues entstehen kann. Die materiellen Dinge bleiben nicht, was sie sind. Ein ´Kreatives Prinzip` besteht, eine Grundeigenschaft, die sich auch in der Chemie, Biologie, bis hin zur menschlichen Gesellschaft zeigt. Dieses Prinzip fasst die vielfach beobachtete Eigenschaft zusammen, dass sich das Universum nicht nur verändert. Im Laufe der Veränderung entsteht qualitativ Neues. Zum Entstehen des Neuen gehört auch das Vergehen, der Zerfall des Bestehenden ... Die Entwicklung des Universums in den vergangenen 13,8 Milliarden Jahren seit dem Urknall ist nicht zu übersehen. Heutige Sterne sind anders als frühere. Es gab eine qualitative Entwicklung. Überreste der ersten Sterne tauchten wieder auf in den folgenden Sterngenerationen und im Novum des ersten Planeten ... Das Gleiche gilt bei Menschen. Auch wenn sich im menschlichen Körper vielerlei Verschmelzungsprodukte wie Kohlenstoff und Sauerstoff aus erloschenen Sternen befinden, sind Menschen anders als Sterne, und jedes frisch geborene Kind ist etwas überraschend Neues".[6]

---

6 *Benz*, Das geschenkte Universum, 123

Bei den Evolutionsschritten scheint auch *Zufall,* sogar *schöpferisch* wirkender *Zufall* eine bedeutende Rolle zu spielen.

Das kann nur besagen: Materie mit ihren Bausteinen, auch das Lebendige in seinen kleinsten Trägern sind multivalent, vielwertig;[7] bringen es also in vielen Variationen der Vereinigung bzw. ´Mischung` zu einem bestands-, ja lebensfähigen Resultat. Wenn der ganze ´Stoff` der Schöpfung sich als vielwertig und multipotent erweist, ist der *Zufall* (inklusive Gendrift usw.) darin eingefangen.

Zum Beispiel löste – vor ca. 2 Millionen Jahren – vielleicht eine Punkt-Mutation in einem Gen der Hirnstammzellen die starke Entfaltung der Großhirnrinde aus, was bewirkte, dass sein spezifisches Großhirn den Mensch-Typus von anderen Primaten und Säugetieren unterscheidet. Der Mensch würde sein Dasein also – nach Meinung einiger Forscher – formal einem zufälligen ´Tippfehler` beim Kopieren des Erbgutes verdanken.

Dieser Umstand schlösse einen Schöpfer nur dann aus, wenn man diesen unbedacht als Architekten oder Ingenieur imaginiert, der ein Produkt mittels einer Reihe

---

7 Diesen Sachverhalt sah bereits *Teilhard de Chardin*, Der Mensch im Kosmos, 309

folgerichtiger Einzelschritte herstellt, die jede zufällige Einwirkung als störend ausschließen. Die Entdeckung der Multivalenz und Multipotenz der ´Bausteine` des Universums erlaubt aber die Frage, ob des Schöpfers Ja zu seinem "Abbild" Mensch nicht auch in einer anderen Genesis, Sequenzierung und "visualisation" zum Ziel gekommen wäre.

Wie es scheint, geht es bei Sars-CoV-2 um einen unerwarteten, *zufälligen* Mutanten. Da er sich schnell als hoch infektiös, nicht selten letal erwies, überwogen zunächst Panik und rein negative Einschätzung. Mittlerweile wurde das Urteil, was Risiko und Prognose betrifft, nüchterner.

Was in der allgemeinen Einschätzung aber nach wie vor überwiegt, ist die nur negative *Bewertung* der Entstehung, des Vorkommens eines solchen Parasiten.

Dahinter steht die Meinung, alles, was die bestehende, hart errungene Ordnung stört, sei negativ zu werten, und Zufälle (falls jenes Virus seine Entstehung dem Zufall verdankt) seien negativ zu werten.

Dieses Vorurteil erweist sich im Licht heutiger Kosmologie als unpassend. Ein Vorfall, Zufall ist irgendwie *fällig*.

Das Universum ist in ständiger Bewegung und Entwicklung. Unaufhörlich wächst etwas neu und lässt Altes hinter sich. Menschen erhoffen sich gern ein ruhiges Leben, werden jedoch nicht erhört – um der Schöpfung willen.

Wenn Veränderung uns vor die Augen kommt, nehmen wir sie erst wahr, wenn und weil mit ihr die Summe vorhergehender Veränderungen so groß geworden ist, dass sie uns in die Augen sticht. Kosmologisch gesehen ist die Veränderung selten plötzlich, sie setzt sich aus kleinen und kleinsten Vorläufen zusammen. Darin stecken auch Zufälle, zufällige Wendungen, die unversehens eine riesige Wirkung erreichen. Doch selbst die chaotisch bedingten Zufälle sind eingefangen durch die Multivalenz der Materie, der mittels Höherentwicklung sie transzendierenden Lebenskeime und Lebewesen, wie durch die fördernde Wirkung von *Raum* und *Zeit*.

Auch Viren fallen unter die Geschöpfe und tragen, wie jede Entität, ansatzweise das ganze Universum in sich (was große Denker wie *Cusanus* und *Leibniz* für alle existierenden Wesen mit Emphase herausstellten).

Die grundsätzlich (aufs Ganze gesehen) von Gott gewollten Veränderungen innerhalb der Schöpfung *zeitigen* sich förmlich aus, realisieren sich durch Schritte in den Raum, in die Zeit.

So offenbart auch das Corona-Virus als zuerst simple, minimale Veränderung seine Bedeutung durch seine Erstreckung in die Zeit. Manches wird ansatzweise schon sichtbar.

Es sei nochmals erinnert, wie wenig heute alte Vergleiche des göttlichen Schöpfers mit einem Töpfer, Uhrmacher oder sonstigen Handwerker taugen, da sie von der grandiosen Komplexität, Variabilität und Entwicklungsfähigkeit des Befehls "Es werde Licht" in Natur und Menschenwelt unberührt sind.[8]

Wir verstehen heute, dass zu der oben betonten Eigenständigkeit und Eigengesetzlichkeit der Schöpfung auch der ihr innewohnende Entwicklungsimpuls, das evolutive Prinzip, ja das *kreative* Prinzip gehören. Dieses, trotz der unvorstellbaren Ausmaße des Weltalls in einer *endlichen* Schöpfung wirksam, bedingt: eines wird aus dem anderen, ein jedes lebt vom anderen, vom Raub oder vom Teilen, ja vom Sterben der anderen. Aus Totem wird

---

8   Für die neue Sicht empfehlenswert auch *Benz-Wiesenberg*, z.B. 56ff. 64-78.136.148

neues Leben. *Neu* nicht bloß im Sinne von anders, andere, ´neue` Mischung, sondern *qualitativ* neu, eine *höhere* Seinsqualität.

Von dieser neuen, evolutiven Sicht auf die "Schöpfung" hätte auch der *gläubige* Mensch zu lernen, dass er *nicht* die "Krone", gar alleiniger Zweck von Gottes Schöpfung ist; dass Sorge und Liebe des Schöpfers nicht allein oder vorzüglich ihm gelten (wie einem verwöhnten Kind); dass sie den Menschen zwar im Blick haben, aber nicht, als wäre er ein der Schwerkraft enthobener Engel, eher als ein in ein unfassbar großes Universum eingewickeltes Kind, dem zum Leben zu verhelfen das Weltall so viele Milliarden Jahre und Schritte (!) benötigte, benötigt.

Leben ist auf allen Stufen *auch Leiden. Leiden*, nicht nur Geburt und Wachstum, gehört auf allen Stufen mit zur Schöpfung.

Um es annehmen zu können und zu bestehen, gab der Schöpfer dem Menschen von Anfang an einen "Gefährten" mit, ja er verlieh in Steigerung seiner Sorge um die Geschöpfe den Menschen die Mit-Leidens-Fähigkeit untereinander,[9] sogar mit den Tieren.

---

9 Philosophische Anmerkungen von *J. Ph. Friedrich, Die Evolution, die Viren, Gott* : Christ in der Gegenwart 19/2020, 209

Das Mitleid, Mit-Leiden der Menschen ist übrigens kraftvoll. es lässt tätig werden zu direkter pder indirekter Teilnahme. Auch etliche Wissenschaften (die Medizin, aber nicht nur sie) haben als eine Triebfeder Mit-Leid der Menschen mit der Schwäche und Hinfälligkeit von ihresgleichen.

Im Verlauf dieses langen Entwicklungsprozesses kommt es nun offenkundig zu Phasen eines *qualitativen* Überstiegs (Transzendenz), ja eines "Sprunges" von primitiveren Stufen zu höher organisierten Wesen und Formen, also zu *qualitativ Neuem*.

Für dieses Phänomen suchen Menschen nach einer ganzheitlichen Erhellung, welche regionale Erklärungen von Details und Stufen nicht hindert, sondern einbezieht..

Hilfreich erscheint nun ein philosophisch-metaphysisch gefasster Schöpfer-Begriff – hilfreich insofern, als er naturwissenschaftliche Erkenntnisse wie die Evolution nicht leugnet, sondern bejaht und impliziert.

Ihm zufolge geschieht ein evolutiver Sprung (eine evolutive Wesens-Selbsttranszendenz), etwa der Sprung vom Leblosen zu einem Lebendigen oder der von intelligenten Affen zu ich-bewussten Menschen (das sind Grob-Beispiele) – in der Kraft einer absoluten Seins- oder Wirklichkeitsfülle.

Sie ist dem sich übersteigenden Wesen, der sich selbst transzendierenden Art *in-über* nahe, d.h. ist ihm so innerlich (ohne Teil davon zu sein), dass sie ihnen sowohl *Eigen*-sein verleiht wie sie (die Spezies) auch zu Eigenveränderung und Selbstüberstieg – der Fülle von Seinsgehalt zu – ermächtigt, gleichzeitig aber von diesem ermächtigten Wesen verschieden und überlegen bleibt, jedoch als gründender Grund (*nicht* als Bestandteil) in dieses Wesen eingeht.

Man kann die schöpferische Wirkung der absoluten Seinsfülle entfernt vergleichen mit der Wirkung eines Katalysators der Chemie, insofern der so benannte Stoff nicht selbst mit dem Ausgangs- oder Endstoff reagiert, jedoch die Reaktion der beiden Substanzen auslöst.

Anschaulicher ist wohl die belebende Kraft der Sonne, die, auf Abstand bleibend, mit ihrer verlässlich strahlenden Einwirkung auf die Erde Grünes, Vielfarbiges, Vielgestaltiges, Fruchtiges und Lebendiges zu Dasein und Bildung bringt.

Sie ist allem Werdenden tief verbunden, ohne Teil davon zu sein, bringt es aber hervor und jeweils zu sich selbst.

Man kann sich hier nochmals erinnern an eine vielen bekannte Erfahrung: die pure *Präsenz* eines besonderen

Menschen – seine Nähe, sein Wohlwollen, seine Zuneigung, seine Autorität u.ä. – kann mit und ohne Worte andere in Schwingung versetzen, zu außergewöhnlichem Tun *über sich selbst hinaus* befähigen, kann beruhigen, Frieden stiften (freilich auch umgekehrt böse Neigungen aufwecken, zu Misstrauen, Streit, bösem Tun reizen: das ist die Grenze des Menschen).

Viele Heilungen, die von Jesus erzählt werden, wird man ähnlich verstehen können (wobei ein Begriff wie "psychosomatisch" nur wenig erklärt).

Das sind Analogien.

In analoger Weise vermag die reine, starke und stärkende Präsenz des Schöpfers ein Ding, eine Entität, eine Art zu Transzendenz über sich hinaus bewegen.

Ein so verstandener Schöpfer tastet die Eigenständigkeit eines Geschöpfes nicht an; seine bewegende Nähe vermehrt vielmehr die Selbständigkeit des Geschöpfes in seinem *Mehr*-Werden, seinem Selbstüberstieg.

Die schöpferische Dynamik schöpferischer Wirklichkeitsfülle schließt, recht verstanden, zufälliges Geschehen im Weltall nicht aus, sondern ein.[10]

---

10 So auch *W. Pannenberg*, Gott als Schöpfer der Welt u. die neuere Kosmologie, in:.*Müller*, Kosmologie, 197-208.

Zu Recht erinnert *Wolfhart Pannenberg*, dass schon die Bibel wie selbstverständlich formuliert, der Schöpfer habe die Erde angewiesen, Pflanzen und Tiere hervorzubringen (Gen 1,11.24); sie wehre also wie selbstverständlich die Vorstellung ab, der Schöpfer schaffe Dinge, Tiere, Menschen quasi eigenhändig.

Die Bibel selbst fasst die Nähe des Schöpfers zu Erde und Menschen unter das Wort *ruaḥ* (Atem, Wind, Braus, ´Geist`): "Sendest Du deine *ruaḥ* aus, werden sie (Dinge, Lebewesen) geschaffen, und Du machst neu das Antlitz der Erde" (Ps 104,30). Göttliches Schaffen gleicht dem Atem, dem Hauch, dem Wind.

Die Menschen, die Jesus begegneten, seine Rede hörten, eine Heilung (wie die eines Taubstummen) erlebten, hatten das offenbare Empfinden, Zeugen eines *Schöpfungsaktes* hier und jetzt zu sein (Mk 7,37).

Wenn wir uns trauen, auch den biblischen Glauben im Rahmen der Kosmologie zu sehen, lässt sich sogar das Erscheinen Jesu innerhalb der Erd- und Menschheitsgeschichte als Mutante, als Entwicklungsschritt der Evolution des Kosmos verstehen, noch genauer als Schritt der Verinnerlichung, wo das Begründete (der Mensch-Zweig) seinem schöpferischen Grund innerlich so nahe kommt, dass dieser Grund im Antlitz des begnadeten Menschen aufleuchtet und durch ihn hindurch zu strahlen beginnt.

Schon der Apostel *Paulus* sieht *das Phänomen Jesus Christus* im Rahmen der Kosmologie seiner Zeit, übersetzbar in unsere: "Denn Gott, der spricht: Aus Finsternis soll Licht aufleuchten!, er leuchtete in unseren Herzen auf, um sie zu erleuchten zur Erkenntnis des Gottesglanzes auf dem Angesicht Christi" (2Kor 4,6).

Dadurch erhält auch der Satz aus der Bergpredigt einen evolutionären Sinn: "Ihr seid das Licht des Kosmos!" (Mt 5,14).

So ungewohnt es uns heute klingen mag: die Epiphanie Jesu Christi gleicht auch der Ankunft, dem Aufkommen eines Virus der Innovation – ein zählebiges Virus, das trachtet, möglichst viele anzustecken, zu erleuchten zur Wahrnehmung des göttlichen Grundes in ihrem Herzen, im Grund ihres Lebens, auf dass sie diesen Lichtschein weiterreichen an die Nachbarn ihres Lebenskreises.

Ein Volksprediger könnte heute sagen: Ihr sollt Viren sein, ansteckende Viren Jesu Christi! Sollt die Menschen immunisieren helfen gegen die Verzweiflung an der Dunkelheit!

Literaturhinweise

A. *Benz,* Das geschenkte Universum – Astrophysik u. Schöpfung (Bern 2018)

A. *Benz - R. Wiesenberg,* Das Universum – Wissen und Staunen: Astrophysikalische Erkenntnisse und religiöse Erfahrungen (Bern 2019)

P. *Knauer,* Der Glaube kommt vom Hören – Ökumenische Fundamentaltheologie (Norderstedt [7]2015)

K. *Rahner/H. Vorgrimler,* Art. Schöpfung: Kleines Theol. Wörterbuch (Freiburg-Balsel-Wien [10]1976),

K. *Rahner,* Grundkurs des Glaubens (Freiburg-Basel-Wien 1976),

H.A. *Müller* (Hg), Kosmologie - Fragen nach Evolution u. Eschatologie der Welt (Göttingen 2004)

Teilhard de Chardin, Der Mensch im Kosmos (dt. München 1959)

Zum Autor

Klaus P. Fischer, geb. 1941 in Stuttgart, studierte Klassische Philologie, Philosophie und Theologie in Tübingen, Innsbruck, Paris und Frankfurt/M. Theologische Promotion am Institut Catholique de Paris bei Henri Bouillard SJ über die Anthropologie Karl Rahners ("Der Mensch als Geheimnis"). Mitglied des Oratoriums des hl. Philipp Neri in Heidelberg.

Langjährige Tätigkeit in Pastoral, Religionspädagogik, Klinik-Seelsorge, Erwachsenenbildung, Kirchl. Rundfunkarbeit u.a.m. Diverse Veröffentlichungen zu Themen des Glaubens und christlicher Welt-Anschauung, wie *Gott und Teufel, Gott und Schicksal, Schöpfung - Naturwissenschaft, Tod und Auferstehung, Eucharistie und Abendmahl, Mensch − Gott − Kirche, u.a.m.* Lehrbeauftragter für Katholische Theologie an der Evangelisch-Theologischen Fakultät der Universität Heidelberg.